꽃봉오지 베려보라

김항신

제주어 시집

꼿봉오지 베려보라

한그루

시인의 말

신비롭고 신기한 모어^{母語}들

꽂봉오지 베려봅서!
잘도 곱지예!

- 시월의 어느 날, 김항신

차
례

제1부

이추룩 곱들락ᄒ다

보말

샛ᄃ리물 알작지 가민

멘산이도 너울너울
넙패도 납작납작

돌셍이 뒈씨난 보말이 오망오망
메옹이도 이추룩 하난 걸

이젠 믄 사먹노렌 ᄒ는디
씨 멜족 헴직이 하도 비싼게

바당 알도 코콜헤사 ᄒ는디

잇날이 기립긴 ᄒ구나
일루후젠 어떵ᄒ 시상이 뒐티사

몰마농고장

안올레
우영이 곱게 피어난

요영흔
곱들락흔 멧 글즈

일력*
ᄇ레당보난 굴암직이
알아지곡 씨엄직이 베와젼

우영팟 ᄂ람지 더퍼지듯
요ᄒ루긴 제완지광 호박고장 섭셍기영
동터레 서펜더레 흔놈역흠이옌

쉰다리광 조베긴 어멍 손으로 씨곡
아버지 입바위 둥겨지던 맛좋은 제주어*

이추룩 멧 곡지 음율뜨랑 씨여짐이

공비엔 혼걸 흐당보민 곱닥혼 글즈광

놀레도 불르곡 맛좋게 먹기도 흐주

.

*일력: (사) 제주어보전회 엮음.

*맛좋은 제주어: 제주학연구센터 엮음.

봄ᄂᆞ물

펭마농사 알주게 난시도 알아져라
경혼디 쓴 부르겐 미신건지 몰르키여
그건 민들레옌 헴신게

펭마농은 달래 난시는 냉이 요지금
가심 시린 나 ᄆᆞ심 어떵사 잘도 알안
슥삭슥삭 펭마농에 ᄎᆞᆷ지름광 코시롱이
적당ᄒᆞ게 니 수꾸락 나 수꾸락 ᄒᆞ지마랑
보리밥 반지기밥 ᄒᆞᆫ디 모다졍 먹으민
배설이 ᄃᆞᆺᄃᆞᆺᄒᆞ게 문짝문짝 ᄂᆞ려 가키여

오널이 경혼 날이랏주 아덜이영 ᄒᆞᆫ디
마당 ᄒᆞᆫᄀᆞᆺ 검질 쇠비름 ᄀᆞ졍 슥삭슥삭

쓴 부르기도 ᄒᆞᆫ놈의역 흔덴 굴암신게
꼿봉오지 베려보라 이추룩 곱들락ᄒᆞ다

16

자리물회

메늘 ㄱ심 보켄 오랏단 날
벳이 과랑과랑 ㅎ는 날이랏다
더와도 ㅎ여보젠 마당 흔 모롱
수돗물 ㄱ에 앚아둠서
난셍 체얌
바당거 ᄆ직던 날이랏다

바들랑 바들랑 ᄒ던 자돔이
과랑진 벳에 느ᅳ랏 느랏
그영 ᄒ나 마나 비눌 거시는
시늉 ᄒ멍 멩글암시난

서늉은 경헤도 먹을만 ᄒ여신가
서늉은 요영헤도 먹는 시늉 헴신가

철분시 엇이 애 설은 비바리
제주 토속물이옌, 체얌 ᄒ여본

콩입광 우럭 츨레

음력 칠월 중순

섭상귀 툿다단 자리젓 낭

쿠싱ᄒ게 먹어난 입 맛

그 시철도 엇그지기 닮안게

내친짐에 하나로마트 갓다

안직 때 이른 유월이주만

지들찌레 ᄃᆞ투멍 나오는 자오세덜

귀경ᄒ암아 먹기 위ᄒᆞᆫ 주세로 살젠ᄒ는

자부세로 승키판에 눈공ᄌᆞ 돌리곡

돌리곡

요새 콩섭 몸에 좋덴 ᄒᆞᆷ멍

알카름 식당엔 푼두그랑ᄒ게

콩닙광 우럭츨레 궁합이 경 맛덴

18

쉰다리

밥이 쉬어사 쉰다리가 뒈주기
어머니 곧던 시절

어머니 손 맛 촛앙
아멩 헤봐도 그 맛이 안 나

어머니 쿰은 쉰다리만 흔게
어디 심광

펭셍가도 어머니 쉰다리
멩글아 보기가, 촛아 볼 수 엇인
시절 인연

마트에 푸는 것도 니맛 나맛
집이서 멩글아도 이맛 저맛
딱, 제주어만큼이나 에려워

개역

정제 앞 들어서민
톡톡 타다닥 뻴라지는 소리
거믄 솟두껑 걸처낭
겉보리 흔 뒈 튀는 소리쟁이
코시롱코시롱 눌아가네
코샷ᄒ게 퍼져가네

정제터레 들이치는 이 빗소린
우리어멍 무심 잘도 알암신가
무사 요영도 설룸인지
눈물 콧물 젭질멍
오망오망 똘년 입덜에 놓아보젠

할락산으로 내리는 물은 일천 낭섭 ᄆ
썩은 물이옌

어멍 가슴에 흐르는 물은 일천 애간장 다
녹은 물이옌

어야디야 어허야디야 우리어멍 불르던 가락
백구야 훨훨 날 잡지 말아라 불르던 가락

애간장 빗물이 뒈곡
눈물 주베기 개역에 젭질멍

똠범벅 눈물범벅
촉촉ᄒ게 스며보는 어머니 손질

수제비

수제로 떵으네 수제비옌 ᄒ던 날
ᄌ베긴 손봉오지로 줍아댕견 낮겟주

ᄆᆞ물 ᄌ베긴 몸풀젠 놔시카
난 먹어보도 못흔 시절

지실 ᄌ베긴 감자로 멩근 것이엔 헤도
난 먹어보도 못흔 비발애기

보리 ᄌ베긴 신 사름덜 먹는거렌
글암주마는

우리어멍 막불 ㄱ룰 ㄱ져당
메리치 서너개 송키영 들이치민
국물만 후릅후릅 ㅎ던 맛

아덜도 나 닮안 국물만 후루룩

푸는체*

보리 테작 ᄒᆞ는 날
멘 끗 주셍이 일멍 푸으는
푸는체

콩테작 ᄒᆞ는 날
어머니
푸깍푸깍 푸으던 푸는체

벡ᄇᆞ름에 걸어낫당
어머니
꿰 줄레도 덥석덥석
나도 싯당 덥석덥석

푸으던

두릴적 우리 어멍 나신디
푸는체 씨왕 알녁칩 보내민
소금 혼 양재기 손에 들곡
비 삭삭 느리는 날

푸는체
혼놈의역 베와가는
이불 쿰에 말젯 년

*푸는체: 키의 제주어.

클*
- 보리 홀트는 날

무뚱엔 보리클 메어젼 싯고
마당 훈 꼇엔 보리낭 눌 싯고
곱을락 홀 땐 곱으레 댕기단디

돗통시 갈 땐 브름으지 뒈주곡
성 대신 망봐주는 보리낭 눌

눌 주쟁이 걷으민 둘코롬훈
저실 감저 오망오망 앚앙 이신

그추룩 의지암지ᄒ명 살아신디
이젠 머리 속에나 ᄒ쏠 냉겨진
풍경덜

성신디레 보리 흔 줌 건네주단

체얌 보리 홀트멍 자빠진 날

눈에 선후다

＊클: 제주의 옛 생활도구.

솔섭 보달

저슬 나젱 ᄒ민
밥 숢앙 먹젱 ᄒ민

저슬내낭 구들 창
데우젱 ᄒ민

원당봉 ᄀᆞ디* 올라강
살레칭 밧디 올라강

솔섭 복복 긁엉

메주 뎅이 멩글 듯
조 침떡 멩글 듯

보달* 쳥 등짐지멍

복녀영 복실이영

동심 불러내는

겨울 내내 쓸 지들커*

*굿: 가장자리.

*보달 치다: 흩어져 있던 것들을 모아 짐을 꾸리다.

*지들커: 장작, 검불 따위의 불을 땔 물건 또는 모든 땔감을 일컫는 말.

애기 도세기 시성제

애기 도세기신디 무사
자릿도세기옌 헴신고

흔무리 흔무리 흐민
두무리가 흔베 뒈난
자릿도세기렌 헸주게

구덕에 짊어아정
오일장에 풀레가민
가이덜토 자릿도세기렌

어멍젯 물엉 시민
경흔것도
애기 도세기렌 헷주

게민 혼 무린?

아아 그건이 성* 도세기주

뭉글뭉글혼게 윤지기도 ㅎ다이

*성: 형의 제주어.

쉬영 니영 이영 서케

갑제기 셍각난다
데멩이에

쉬를 뽑던 셍각이
서케렌도 흐는디

니도 이섯구나
이라고 흐는거

쉬도 읍고 니도 읍앙
픽픽 터지곡 탁탁 죽이곡

머리광 속옷 소곱 빈대추룩
둘라붙엉

아멩 슁아봐도

조냥ㅎ멍 뿔아도

그전인 경혜도 시원흔 시상

이젠 경허나 정허나 급급헌 시상

말축

집 마당 검질 트멍
톡각 톡각 튀던 말축덜
마당 휘갈던 둑덜 멕이난
둑세기도 봉알 봉알 헤나신디

예닐곱 무리 뒈당보난
사료도 동 나곡
송키광 하간거 줘봐도
지덜찌레 두투멍 똘라부는
둑순인 나만 보민 졸졸졸 눈마줌
ㅎ는게 아끄운 거랏다
시방 셔시민 저 말축 ᄀ져당
줘시민 좋으켜마는

하이고! 그놈이 개덜이 그영*

츠마가라*

말축이나 잡아먹주 개야더리!

*그영: 그렇게.

*츠마가라: 상상을 뛰어넘는 일을 했거나 크게 놀랄 만한 일이나 해서는 안
될 일을 저질렀을때, 못마땅하게 여겨 내는 소리.

차롱*

어머니 살던 시절
쉰다리 헤먹던 시절

검질 품앗이 어멍 또랑 나사민
중혹교 올라갈 혹비 걱정 태산이랏주마는
느나엇이 농시허멍 수눌음 헐 때라
숙멩추룩 또라가사만 ㅎ는 시상이랏주

징심*때 가차우민 질더레 훌굿훌굿
차롱 속 풋밥 혼저 먹을 셍각 훌굿훌굿
시원한 쉰다리 혼 사발 먹을 셍각
口味 등경 ㅂ레던 차롱 속 풋밥

＊차롱: 대바구니.
＊징심: 점심.

제2부

브랑지게 살아사주

어버이날

오널은 어머니 아바지 날
주식 낭 살아봐사 부미 공 안다는디
일후제 부모만 홀 주식덜 싯카

실테주마씀, 이실꺼라양!

오널, 곡절 이선 산소에 오라신디
다시 어느 저르 와질티 모를
급급훈 세월

일후제 나 곹은 무음 주식덜 알카

게메양, 알텝주게!

어머니 치메

셍각 낲수다
어머니 치메 뻘렛줄에
하올하올* 돌아져 기렵던 무슴

뻘렛줄에 돌아진 이녁 치메 보레멍
하늘서도 노혼노혼* 주식덜 기리는
어머니 무슴이

손지 오줌 훌치던 어머니 시절 딱지

뻘레 널멍 부레곡
뻘레 걷으멍 부레곡
세월 걷으멍 부레던

울 어머니 월남치메*

*하울하울: 너울너울.
*노혼노혼: 하늘하늘의 옛말, 제주어.
*치메: 치마.

부정부르스

어린 다섯 술인가 미운 일곱 술인가 뒈던 헤랏주이

어멍이 늡이 뒈난 깅이만 깅이만 먹어져렌 ᄒ연게
마는 꽝이 가베우난 도롱게추룩 뿔란 멩질 먹으레
간 웨조케신디 ᄌ동차 둘려드런 요 노릇 봅주게 그
어린 종웰 천장 우터레 돌아메영 이시민 철읏인 지
아방 술 입에 질엉왕 지져운 라멘을 아멩 부엣 질이
주 마는 어린 아덜 다리터레 비와지코

우리 성 이 아덜 돌앙 안 가본디 엇이 동더레 서더
레 동분서주ᄒ멍 어떵ᄒᆫ 인연 이선 머나먼 타국 미
국이렌ᄒᆫ디 그 어린 거 ᄒ차 보내연 놔두난 심장빙
도 촛아내 줜 소망일이 다리 수술ᄭᅵ정 무사ᄒ게 ᄒ
연 오란 경혜도 그 몸으로 훅교 잘 ᄆ쳔 우리나라
대 그룹 삼성에 시염 합격도 ᄒ곡 ᄒ멍

산전수전 겪으던 청춘 세월 지아비 뒈곡 애간장 눈물이 뒈멍 이 시상 저 세월 살암시난 경혜도 금지옥엽 똘 둘에 지어멍광 으지암지 사는 가심시린 나 조케야 시절도 촘 뻘리 값저이

궤삼봉 ᄒᆞᆫ 날

우리 아바지 날 특벨ᄒᆞ게

궤삼봉 헤주던 어린 시절

ᄇᆞ름에 놀세라 테역둥이 뒐

세라

머리맡엔 도끼낭 허깨비 다울리곡

양제기에 마농광 청 ᄇᆞ글ᄇᆞ글

화릿불에 녹여가민 입메 쫄른 나보다

우리성 입더레 ᄒᆞᆫ 수까락 물려가멍

어멍 눈치 보던 시절

아고게! 경 ᄀᆞᆯ안보난 오널 어린이날이여게

의지앙지ᄒ멍

시절은 늙엄신디
낫술도 늙엄신디

시상은 지들려주질 안ᄒ연

인셍도 늙엄신디
몸뚱이도 늙엄신디

시철은 지들려주질 안ᄒ난

나 설른 애기덜아
느넨 아멩이나 의지앙지ᄒ멍
살암시라 살암시민 살아질거여

배 곯던 시절
- 엿 쥐으는 날

훈저슬 넹겨보젠
어머니 정지서 눈물 줍지는 소리
아바지 탁베기 느리는 소리

아명이나* 주식덜 곳불 들지말렌
아바지 질루던 둑 들이치멍
둑궤기 낭 헤주던 셍각

부제칩 오소리 꿩엿보다

맛좋은 어머니 엿

어머니 셍각ᄒᆞ민
나가 헤보난
어머니 홀목 불쌍ᄒᆞ득기

통시에 싯던 도세기도 불쌍ᄒ여붸곡

저슬 뒈가민 먹ㄱ정ᄒᆞᆫ
우리 어머니 둘코롬ᄒᆞᆫ 엿

*아명이나: 어찌하거나.

색동옷

상고지빗 하랑하랑
풀락이는 만국기

풍악 속 여울지는 춤사위 물든
장롱 속 내우살*

어머니 쿰 향기에
반짝반짝 수줍던 새각시 모냥
동동 지드리단 어머니 색동옷

어쩌다 기립는 내우살에
쿰고픈 여린 ᄆᆞ슴* 어머니 똘

*내우살: 냄새.
*ᄆᆞ슴: 마음.

아바지영 으남이영

유월이믄 유벨시리 으남이 지깍 훈
날이 하다
영훈 날이민 으남꼿* 훈아름 쿰엉
아버지 촞앙 으남소곱 헤멘다

어떵호연 오널 아바지 놋 훤호다

*으남꼿: 안개.

시월이 오민
- 아버지 식겟날

청고게는 못 타도

등목은 탓던 날도 셔낫주

아시 손잡앙 목청 높이 웨울리던 날

소리꾼 아니옌 허카부덴 청고게* 멩심ᄒ멍

촘웨 밧 서리꾼 다울리던 소릿질

시월 오민 아버지 제수 셍각나민

제숙ᄀ심 헤사ᄒ는디

ᄆ음도 헉숙

삭신도 허허ᄒ여,

난셍체얌 맞춤 제숙ᄀ심ᄀ정

아버지 맞이 ᄒ던 날

나이 듦이 이런 거란 걸

이제사 고남* 헤보는 현실 앞에

서투른 오널 보내보는

*청고게: 목마.

*고남: 이것저것 살펴보거나 맞춰보고 따져보다. 자문을 구하다. 강평하다.

와랑차랑 설 멩질

촘말로 제주어 곱기도 ᄒ다

오널은 똔 날보다
ᄒ끔 선네 선네 오몽ᄒ영
양지랑 두르젱이 씻고대고

츠례지녤 고적덜 재기재기 멩글아 뒹

뻘리 재게
소지도 ᄒ곡

상웨떡 벨떡 사레 와랑와랑
둘아사주

아멩 돌림벵이 돌아도
와랑차랑 설 멩질인디

어머니 아버지 널 보게마씀

식게칩 아으 몹쓸다

아고 게메양
무사 식게칩 아인 몹쓸암신고양

웨할망칩 식게 먹으레가민
밥 ᄒ직이랑 마랑 ᄒ저 집이 글렌
앙작ᄒ여가민 단지라시민 와싹!
벌러시민 좋켄, 우리어멍

아멩 먹을커 엇이 살앙 식게날만
곤쏠밥ᄒ곡 돗궤기 적이영 상웨떡이영
먹을커시난 대장질ᄒᆞᆷ이옌 경헴신가양

웨손진 손지도 아님광
웨조켄 조케로 안 ᄇᆞ여신가
하도 오망오망 식솔이 하노난

반 테우리도 성조케 웨조케

투나붸연

이제도 식게 날만 뒈민 경ㅎ는게

ᄉ뭇 눈치 붸려집디다마는

식게ㅎ젱허민 이디저디 신간* 씀이옌

몹씰만도 ᄒ쿠다게

*신간: 마음.

채원이 스랑
- 웨손지(외손주)

사라봉 업언 간 걸으렌 ᄒ난
아중아중 뒷똥뒷똥 올렝이추룩

어느쟁이
얼뭇얼뭇 커아젼 벌써라
중ᄒ교 일ᄒ년이라

양지엔 ᄋ멀이 다락다락
벌써라 질풍노도 감신고라

그때 손지 모십 얼망얼망
이런 시상도 싯카

서준이 스랑도
웨할마니 스랑

56

물웨크듯
촘웨크듯

허우데도 과짝
몸뎅이도 과짝

흥낍시민 누이추룩
흔줄레나 커불컨게

스랑스랑 내 스랑
이 시상 둘도 엇인
나 애기덜 스랑

우리집 개장군

노시 목간 안 흐젠 흐는
우리집 개나
늙어가는 저 사름이나
어떵 요영 닮암신고

어릴적인
물 소곱도 들어간게마는
커가난 물도 싫덴 와들락
집소곱더레 화들락
물먹는 거 말앙은 ᄌᆞ깃디레 오덜 안흐연

거 춤 때가 어느 때랑

벌룽벌룽 먹을컨 잘도 알앙
지나 저 ᄌᆞ식이나
먹어도 먹어도 주렌만흐멍

주둥일 박으민

와싹 겁 나주마는

걱정도 시러완

경혜도

알건 다 알았젠

오줌도 혼 긋디레 골기단

물도 곱닥혼 물만 먹언게마는

요센 요망시리 이레 골겻닥

배꼴앙 쌋닥 ᄒ는게

볼써 하 시절은

거짓엇이 감신디사

사름이나 중싱이나

세월ᄄ랑 구름조각 ᄒ나 썩 털어져 나가는

ᄇᆞ랑지게* 살단보난

세월은 유수추룩 요추룩 흘런
할락산으로 내리는 물은 무사
이추룩* 울엄신디 그 ᄆᆞ심이 나
ᄆᆞ심

무신 살렴살이 이추룩 애아풀ᄁᆞ

일천 낭섭 애테왐신고
일천 간장 문데겸신고

어머니 눈물ᄀᆞᇀ은
할락산으로 내리는 물은
애간장, 일천 낭섭 타들어감이옌
젯물ᄀᆞᇀ은 핏물ᄀᆞᇀ은 애썩은 물이랏덴

가젱이* 둘린 식솔덜 아직…,

눈 베롱홀*날 실테주ㅎ멍 브랑지게 살아사주

*브랑지게: 부지런하게.

*이추룩: 이렇게.

*가젱이: 나뭇가지.

*베롱흔 날: 마음의 여유가 조금은 있어 생기가 되살아나다.

도라지꽃이라는 걸

살단 보난 알앗네

어머니 날 낳으시고
아버지 날 기르시던 날
엄마 우주선에 놀러 왔던
유복 동생
도라지꽃 곱게 무음에
심던 날

살단 보난

어머니 손 잡앙 입훅허던
날
성이 상주 뒈곡
아버지 도라지꽃으로
벨이 뒈던

살단 보난 돌아상 보난

나도 도라지꼿이라는 걸

고냥이 숭숭ᄒ연

두릴 적
훅교서 걸레 ᄀ정 오렌ᄒ민
어멍광 성은 검질 메레 가불곡

이녁냥으로 헌 옷 촛앙 멩글젠ᄒ난
성 똘 입던 갯씰로 짠 옷

멩글락 멩글락
모작도
안메지곡 고냥이
숭숭ᄒ연 어떵ᄒ믄 좋을 거라

셍각 ᄒ난 웃으완
이추록 아직도
손설엉 모지직 ᄒ덜 못ᄒ영 원!

제3부

얼메나 곱수가예

샛ᄃ리 용천수*

샛ᄃ리물 그냥 흘러간 게 아니엇주
멕여주곡 씻어주곡 촘방촘방 튀던 곳디주
가분 게 아니엇주
몬지락흔* 푸른 청춘 넹겨주던 곳이엿주
옷 헹구멍 씻어주곡
마께* 질에 묻은 허물 이젠,
촛아 볼 수 엇엉 아시롭주*만

나ᄋ름*오민 또시 만날 셍각에
와랑차랑 ᄒ는 거주

*샛ᄃ리 용천수: 삼양1동 용천수를 말함.
*(형)몬지락허다: 매끄럽다. 미끈하다. 촉감이 매끄럽고 부드럽다.
*마께: 방망이.
*아스롭다, 아시롭다: 아쉽다. 아깝다.
*ᄋ름: 여름.

내창곳

우리집 알카름엔 이제도
몰레 한한ᄒ다

냇창 굴다리 욮인 삼춘네 점빵
그 알착터레 몰레곳*은

쉐물먹엉 씨름ᄒ던 성창 개끗

ᄆᆞ딱* 몰레가 멩근 우알력
모살왓*

ᄋᆞ름돼민 천막 올곡
아이스께끼 장시 음정 올곡

안적도 몰레뜸 ᄒ는 사름덜
싯주마는

얼어도

더와도

맨발로 걷는 '어싱'인지

무신건지 유행ᄒ는

웨딩촬영 유멩헤진 삼양해수욕장

성은 사진사 나는야 달님오신 날이민

곱음제기 홀 사름 모다지라 소리들려

슬쩍이* 밤 ᄆ실 가던 내창ᄀ

*ᄀ: 가장자리.

*ᄆ딱: 남김 없이. 모든 것을 다 해서. 전부.

*모살왓: 모래밭.

*슬쩍이: 살며시.

드른들 질*

혹교 종 치기 전이
혼저 뽈리 가사는디

서카름서 혹교엘 가젠ᄒᆞ민
내창 지낭 콩밧 지낭
진진ᄒᆞᆫ 드른들 지나사 ᄒᆞ는디

어느 날은 벳도 과랑과랑
구둠도 박삭박삭
어이엔 비도 작작거리당
좀좀ᄒᆞ당
눈질에 손콥 발콥 얼얼ᄒᆞ여도

진진ᄒᆞᆫ 드른들 동산 지낭
혹교 ᄆᆞ을 도착ᄒᆞ민
교회당광 동수무소광, 삼각지

폭낭 으지엔 코시롱흔

풀떡도 풀암신디

일원쯔리 멧게만 시민 좋키여

걷당 보민 옴막흔 흑탕물에 젖곡

아글락 돌싹돌싹 징검드리 ᄉ망일곡

돌담 숭숭 웨와진 밧담 고망엔

씽씽 칼ᄇᆞ름 양지 뜨려도

ᄂ ᄲᆞᆯ고롱ᄒᆞ게 얼얼ᄒᆞ여도

그 시절이 막 좋앗주

*드른들 질: 삼양1동에서 삼양2동 학교까지 가는 길.

간들레기영 새우리, 수박광 호박

마당 흔굿 물웨 심언 놔두난

날쎄도 ᄀ물곡

물도 ᄀ물곡

요영도 애기덜 신디

무심 ᄒ엿구나

사름이나

풀데기나 다를바 읏인디

가심이 잔잔히 애잔ᄒ이

고넹이 똥인지 새똥인지

몰라도

섭상귀 올라완

간들레기 토레기영 나도 촘웬디

빙섹빙섹 ᄇ렘이옌 요영 밝주

올힌 수박 줄도 새우리 가달 밀치멍

둔곡

호박 줄도 새우리 심엉 뜨라 감이옌

ᄀᆞ믐에 불타는 저 새우리 ᄇᆞ주게

이제 곧 수박이영 호박이영 지락지락

홀거메

봄 춤

꽃덜의 춤

봄 내우살 ᄀ득ᄒ 쑥광 드르*꽃 내우살 속

돔박꽃 사열대 맞는 곤을동 에움질

꽃 송이송이

누게 손짐* 정성둠긴 마중 질이랏나

기냥* 찰나엿을 건디

ᄉ래기 싸락 싸락 험벅눈 펄펄거리멍

진진ᄒ 동장군 웨멘ᄒ단* ᄉ뭇* 아쉬왕

입춘 가부는 초봄 질ᄀ

히여뜩ᄒ 시상 대력*이라도 ᄒ듯

춘설^{春雪} ᄎᄇ름 손에 손잡앙 휘몰이 치듯

쟈이덜토 훌건 몬 흐멍 가켄흐는 심스

뻔흐다

* 드르: 들판.
* 손짐: 손에서 느끼는 따뜻한 기운.
* 기냥: 그냥.
* 웨멘흐단: 외면하다.
* 스뭇: 못내.
* 대력: 대신.

보리순이 매쪽매쪽

삼춘! 어디레 감수과!!!

불써가라 칠월 절기도 들어선양

요영도 곱닥허카예

매쪽매쪽*

아멩 셍각 헤봐도 곱수다게

경ᄒ난* 똑기 베왕 보전ᄒ여사 뒈쿠다

무신거엔 골암디게, 제주어마씀게!!

잇날엔 보리밥만 먹으난 배만 뿡뿡 헤신디

이젠 돗궤기영 하간거 먹언 배가 뿡뿡 ᄒ연

이추룩 곤밥만 들구* 먹으민 못산덴 골으난

시방덜은 배 쫀쫀ᄒ게 허젠

보리순도 골앙 먹곡

청보리도 먹어간다 허멍 ᄒ뭇 살아보젠

76

이루 후젠* 보리 농시 누게가 헐 거산디

귀ᄒ디 귀훈 쏠 뒈불어수다

보리밧디 보리순이 매쪽매쪽, 얼메나 곱수가예

*매쪽매쪽: ᄲᆞ족ᄲᆞ족의 제주어.

*경허난: 그러니까의 제주어.

*들구: 자꾸, 끊임없이, 계속해서, '들구 먹다/ 마구 먹다, 들구 오다/ 마구
오다' 따위.

*이루 후제: 이후부터, 이 뒤로부터 어느 때.

돌벵이 집

돌벵이가 집 졍 뎅기민 버칠거 닮아도
주들지 말라
짐진 사름이 팡 춫넨 안 헴시냐
지 먹을컨 몬 ㄱ졍 난덴 ᄒ난
ᄒ다 거념ᄒ덜 말앙 이제라도
집 진거나 옷 벗인거나 느나 엇이
아으덜 문딱문딱* 나시민 좋키여

시국이 요영 저영 ᄒ다마는

나 조케추룩 흠치 둘씩이나 나불라

*문딱: 일이 아무런 문제 없이 잘 넘긴 꼴.

진진훈 거

이게 무신 말인고 ᄒᄆ신

베염 붸려지민 손 곱지렌

혼 이왁입주

무사 경 굴암신고 ᄒᄆ신

아무상엇이 손 주왁ᄒ당

어쓱ᄒᄆ신 물리곡

거심손ᄒ당 동티 난덴ᄒ영

멩심혼 날 잡앙 뎅겨사 궤양

집이 돌아온덴마씀

잇날 십이간지 멩근 이왁

ᄒ나 틀림엇인거 닮아양

천.

지.

인.

감저광 손지ᄉ랑
- 운동회 날

감저 줄도 비어당 데우청 뒌장 ᄒ쓸
놓앙 촘지름에 들깨ᄀ루 낭 멩그랑
먹으민 영양가도 막 좋텐 ᄒ염주마는
난 똑기 베랑 구미 동기질 안ᄒ난
이런 숭시도 싯카

ᄒ꼼시민 손지덜 개혹ᄒ영
ᄀ실 운동회 이실건디
흠치 더왕 어떵ᄒ코

할망 시절엔 감저영 반지기 밥에
짐끼 ᄒ곡 독세기 지정가민 탁상인디
아이스께끼 봉가진 날은 금상첨화주

요지금 시절이 시절인 만치
운동 ᄆ청 이녁지레 짜장멘이 질이옌

흑교앞 돈짬이 대세가 뒈연

ᄒ기사 경 홀만도 ᄒ주 어떵홀거라

잇날 할망 다닐 때가 훨 나신거 닮아뒴은

무신 숭신고 헤졌수다

우렁비*

늦인 아척

아홉술 단발머리 지집아이
구덕, 존등이 욮이 끼곡
골겡이 들르곡
알력집 복실이영 복녀영
장상밧디 꿩마농 파멍 난시 파멍
장상밧디 물 굴람져 재기 글라 뿔리 가게
철 만난 시상 깨복쟁이 친구덜

얼풋 왕 밥도 허곡 샛ᄃ리물 항아리에
채와놓젠 ᄆ심 먹어신디
장상밧 질에 쏟아지는 우렁비에
꿩마농 둥둥 대구덕 둥둥
촘웨막 으지엇이

물먹은 중이추룩 혼차 몬 흔 거추룩

빈 차롱만 어이엇언 어머니 웨우데김 소리

밥이나 숢앙 놔둘걸

샛두리 강 물이나 질어당 놔둘 걸

스랑흐는 구들방광 어머니 기려운

아버지 무큰 기려운

드륵산이* 좍좍 느리던 날

*우렁비: 소나기.

*드륵산이: 소나기.

마당 손질

올 으름은 하도 더원
날이 ㅎ루혜원 더와도

ㅁ음이 ㅎ썰 묽아질만 ㅎ난
몸도 ㅎ썰 좋아붸연

급급ㅎ곡 답답헌 꼴
나 가심 속 복잡 ㅎ듯

낭가쟁이덜쾅 풀섭덜광
나 ㅁ심추룩 어지러완

밥 흔직 먹어아젼
낭게기에 둘아졍 싹둑질 ㅎ당보난
뚬은 잘잘 심장은 쾅쾅 ㅎ꼬만 더

요것만 허민, ㅎ당보난 ㅎ마떠민*
ㅎ절 일보 직전

그영ㅎ 천성 댓겨불지도 못ㅎ영
나 아니민 누게 헐ㄲ 나야더리,*

* ㅎ마떠민: 하마터면.
* 나야더리: 넨장, 젠장.

85

원담에 멜 들엇저

곤을동 차향에 앚앙 브레보는
갯ᄀᆞᆺ 원담
봉봉 들던 쫍지롱 바당은
멜덜 몰앙 들이친 에움 ᄀᆞᆺ

멜 들엇저 흔저 오라

은비늘 상고지 여의는
곤을동 갯ᄀᆞᆺ

아메리카노 차 내음에 젖어보는
여주 4인방 나영, 지영, 자영, 희영

바당 가게!
- 오름 방학이다!

이말 혼곡지* 보난 셍각 난 죽아졈수다
설개서 드른들* 신 혹교 댕기젱 허민
똑기 가물개 지나사 혹교엘 가는디양
경흐여도 일동광 이동 수이주마씸

삼동(버렁, 벌랑)은 저착펜이 화북 즈꼇디 셔부난

첵보재기 들르곡 성적표 타아졍 ᄃ르멍 푸더지멍
혼저 제기 뿔리 집이오민 그자 첵보따리 들러데껴뒁
바당더레 돌아십주게

복녀영 옥실이영 우럭 맞추멍, 셍각 낢지양
단발 머리 거믄 빙애기 추룩

*혼 곡지: 말이나 노래 따위의 한 마디나 한 곡.
*드른들: 삼양1동에서 삼양2동 학교까지 가는 길. 들판. 지명.

ᄇ름의 신
- 열두 살 업저지

무신 ᄉ연 션 부민 이승을 떠낫을ᄁ⁷⁾
그 어린건 얼메나 애 몰라실꺼라
벡발님! 어떵ᄒ연 ᄇ름 자락 휘둘리멍
나오랑 지집아이만 뒈뒹 가렌홈이우까!

어머니! 아바지! 날 데령 갑서게!
아이고 어떵ᄒ코
아멩 셍각 헤도 어머님 앞인디

ᄇ름님이 시 번썩 꿈절에 나오란 ᄒ는
말이

어머님이 우주난
어머님이 신이난
어멤이 아이어멍이난

어떵ᄒ리 뻬만 살그렝ᄒᆫ 웨로운 모십

ᄇᆞ름의 신은 여ᄌᆞ만 원혜신가
거센 물 섬 목몰른 바당ᄀᆞ옷
영신에 눈물진 열두 살 애기업게

죽엉도 착ᄒᆞ곡 웨로완 사름 기리운 절해
고도에서 살신성인 고통의 의례 거청
어린 나으에 지 닮은 사름덜 보듬으멍
버데ᄒᆞ는 애기할망 전설의 신화

* '해녀들의 수호신 마라도 애기할망'(김순이, 『제주 신화』)을 읽고.

제주 돌담

1.

화산섬 멩근 돌담
아버지 숨절 둠긴 돌담은
우리 안식처가 뒈곡
삼양 물레동산 깎아내영
큰 구들광 고팡 죽은 방광 정제 멩글곡
사옥이 낭으론 삼방*을 멘들앗네

오널 문학관으로 갓네
몸 ᄒ나 들엉 ᄆ심만 ᄀ졍 갓네
축하 인ᄉ차 들렷네

보배로운 제주 것덜 ᄂᆞᆸ 주기 아꼬와
기 죽을 판이라 어서어서 우리
문학인덜신디, 우리 제주 사름덜신디

ᄒ루라도 선네선네 알리고졍 ᄒ 심정
우리 동백덜신디 말헤 주네

제주 돌담, 울담, 정낭, 당, 신화, 설화
하간* 것덜
웨국인덜 더 먹어보젠 ᄒ연, 니네덜 ᄒ저
앞장상으네 우리 제주 문화 소중ᄒᆷ
알려보자 허시네

2.

풀어야 ᄒᆯ 숙제가 이실 때
머리가 버칠 때
항시巷市, 화북 청풍ᄆ을
詩가 잇인 성창에 다시 오네
발은 걸으멍 셍각 ᄒᆞᆯ트네

느량 올땐 동심 줍아뎅기는
초가 울담 모롱에
늘보추룩* 줍자던 개 두 무리
어드레 보내신가 아직 오널도
얼어 뷈디

즉은 연못 붕에도 침줌ᄒ영 이신
에움 돌담우티 다육만 다육거렸저

3.

건당 보민 예스럽진 안ᄒ주만
줍녜의 집 지나민 시가 이신
마당 저기 넘엉 아버지 무을
서흘포*광 원당봉이 뷈려정
더 애둟은 무음

아버지 손으로 짓던

어머니 등짐 나르던

초가, 기려움에 머물러 봄도

＊삼방: 마루.

＊하간: 여러 가지의. 이것저것의. 모든.

＊추룩: 처럼. 같이.

＊서흘포: 삼양의 옛 지명.

사봉길 걸으멍

- 입추

1.

나ᄆᆞ음 니ᄆᆞ음 ᄀᆞ정
열어가는 절기, 오널은
똑기
ᄀᆞ슬이라 헤도 좋키여
이제부터 ᄀᆞ슬이주만은

어저낀 저슬
봄이 이만큼 ᄋᆞ랏단 저ᄭᅴ지
우수수 날아간다

여물어 둘아지던 것덜
이녁 소임 ᄆᆞᆫ ᄒᆞᆫ 것추룩
을씨년스러운 ᄇᆞ룸 멧 대에
털어젼

등대

바당질도 예외 엇이

설레는 시간

자이덜토

ㄱ슬인줄 알암신가

ㄱ슬은 ㄱ슬인디

아직은 유월 윤달

처서가 저디신디

재열소리 앙앙흔다

2.

별도질 반착 들어사난

ㄱ슬부름 똠 어르문진다

가멍 오멍 이디만

으름이멍 ㄱ슬인양

야이덜토

종잡지 못ᄒ는 실세에

당도ᄒ 듯

야이덜이나 나나 ㄱ슬ㄱ슬

제4부

가심이 석석하다

새우리

용시도 눗 바꾸멍 ㅎ여사 뒈는디
멧 해 동안 앚인 자리 오몽 안 시켜주난
요영 ㄱ노롱도 ㅎ카
나 모심 실품*이 야일 이추룩 멩글아졈신가
몰르는 건 아니주마는
나도 훈디 늙어 가는게 노시 허구적 안 ㅎ여짐은
지나 나나

*실프다: 귀찮고 하기 싫다는 뜻의 제주어.

가라스*칩 삼춘
- 감주

지레 큰큰흔 폭낭광 안커리 밖거리

모을 사름덜은 가라스 칩이엔 흐민

모른이 엇이 흐뭇 크콜흐곡 끈끈흔 삼춘

이제 셍각흐믄 그추룩

모음세 또렷흐난 그 시철에

감주 멩글멍 기신나는 벨거

안놔도 보리 주베기 엿 줌으멍

손수 드시던 셍각 얼망거린다

감주 맛베기 홀짝 거리단 셍각은

오널 특벨시리 둘코롬흔 감주 눈썰매 둘아짐이랏주

겡상도 말론 돈술이옌 흐연게

식혜도 돈술이옌 굳던게

반지기영 장쿡이영 먹당보난

맛좋은 제주어* 베와진 막 소망 인 늘 뒈엇주

*가라스 문: 유리문(일본어).

*맛좋은 제주어: 강의자료(제주학연구센터) 인용.

고할망 식당*

고할망이 고망 할망이라
떠오르는 것은
제주어가 곱닥ᄒ다, 로 보이는
착시현상

ᄇ락도 고망낚시
객주리*도 고망낚시

오동통ᄒ게 쫍지롱*ᄒ
고할망 낚시식당

배띄우라 갓다오게
예예 ᄒ저 놀레 불읍서

*고할망 식당: 사계리에 있는 식당 이름.
*객주리: 쥐치.
*쫍지롱: 짠맛이 배어들어 어느 정도 많이 짜다.

102

애기덜 잘도 아꼬와

요세 애기덜 아꼽지안은 애기 시카

다 산 사름이랑 애기 노릇도 ᄒ지말곡
ᄀ만이 싯당 저시상 가민 좋을건디
지녁데로 뒈는줄 알민 얼메나 좋으카
하간게 천방지축 영흡도 조물주가 멩그는 일인디
데멩이 속 섞어짐도 오장육부 돌고 돌아 여기ᄁ장
와짐도 우주 섭리라

게난 시방 아으덜추룩 방싯방싯 웃이멍
ᄋ골ᄋ골 댕겨가민 얼메나 더 아꼬울거라

인구가 점점 죽아값젠 ᄒ연게 장게 시집덜가멍
아꼬운 애기덜 몰록몰록 나민 얼메나 좋을꺼라양

나도 애기덜 잘도 아꼬운디마씀

모작 지우기
- 모양 세

1

지금사 좋은 시상이렌 ᄒ여도
나 불적인 그 시절이 좋아 뷈은
나영 그 시절이영 ᄒ디 늙어감인가
가심이 석석ᄒ다

선싱님이 걸레 ᄀ정오렌 ᄒ던 시절
어멍광 성은 밧 일 강 엇이곡

헌 옷 시민 멩글어 보젱ᄒ여도
마직ᄒ 게 읏언

올 빠진 세타 ᄀ정 멩그라 보젠
아멩이나
갯씰 구멍 메꾸멍 부들락거려도

묶으도 못ᄒ곡

생각 ᄒ난 우습다

모지직 못 ᄒ 손콥따믄
부치롭곡 ᄒ녁*으론
용심도 나곡

2

인생이옌 ᄒ 것이
부제가 시민
가난벵이 싯듯

차민 찬데로
족으민 족은 냥

경훈 것이

아귀찬 손이 잇인가 ᄒ민

나 ᄀᆞᆮ이 실ᄒᆞ지 못ᄒᆞᆫ

손콥데기도 싯듯

실톨레기 풀멍 산다는 게 그게

경훈거

모작 지우기 ᄒᆞᆫ다는 게

그영ᄒᆞᆫ게

* ᄒᆞᆫ녁: 여러 방향이 있는 데서 어느 한쪽.

혼진네-자꾸

혼진네 혼진네 혼진네 혼진네
혼진네 혼진네

또시 혼진네 혼진네

경ᄒ난 자꾸 헛겡이 ᄒ는거랜

경ᄒ난 입이서 혼진네 혼진네 허는게
헛겡이 ᄒ는게 아닌가 말이주

혼진네,라는 말은 자꾸, 자꾸엔 ᄒ는 말

벨롱머리 할망*

머리 껄도 할망
할망ᄆ심도
시절 만큼이나 먹언 싯주

게난 할망이렌헷주

지집 아인 말헷주
ᄉ십대 미시족
허우데 옷 ᄀ심도, 서양족이옌

ᄒ 츰 일 훌 나이라십주

또시

할망이 뒌 그 할마씰 밣주
돌림벵 따믄 설룬 할마니

이제랑 그만 가도 좋을 건디
봄이어도 좋코
ᄀᆞ슬이민 더 좋을 거 닮은디

곱곱시리 묶엉 신 벨롱 머리
곱곱시리 묶엉 신 나 ᄆᆞ심

요정애기
부는 ᄇᆞ름절에 슬쩍이 굴암신게
할마니!
아직은 궨갈차우다게

＊벨롱머리 인형.

허 춤

으든에 고든엔
미신 말인고 혜신디
게민
봉봉유난 무신거렌 흠인고예

우리 어멍 싯당
주주 씨던 말 싯수다
봉봉유나!-

으든에 고든엔
여든이 고든이 아니고 양!
영ᄒᆞ다 정ᄒᆞ다
시끄럽게 걷는 말 삐양이렌 헙디게

아멩헤도 봉봉유난

이녁 따문 응은 응은* 흐여가난

나가 시끄럽덴 흐는 말 닮아 붸우다

스무 술 공무원시엄

동펜이나 서펜 사름덜은
제주어로 잘도 골안게마는
당췌 아롱ᄀ롱 흔게 왁왁이여

설개 거문여 버렁이나 알주
뭣이옌 골암신디 심뜨렁 헷주마는

경혜도 이젠 수전 촛이멍
ᄒ염시난
눈설메도 뷔옹ᄒ연

나가 스무 술이나 뒈신가
뜬금엇이 헤심트렁ᄒ게
시엄 보레 가난
문딱 왁왁 허여뷔연
것도 5급 썩이나 하이고!

요영 편편홈도

영언 무사 이영

ᄀ물ᄀ물 홈광

우리어명추룩

집이서 밥ᄒ곡

짐끼 멩그는 거나

알안 왓주

ᄉ뭇

데멩이 혼 대 맞인 거추룩

이제도 잊이지 못홈은

잇날 ᄉ모관 시염도 그영

웨려왓던 출력 금지령

제벨리*

음력 유월 절 드난 제벨시리
요수인
더 더와베다

장마옌 ᄒ여도 ᄆ른 거시기라
낭 가젱이더레 불붙음 직이나

경 안헤도
시상에 히어뜩ᄒᆫ 일덜이
하도 하 뷉광

겡상도 지방 불나단 버치난
저디 로마엔 ᄒᆫ디도 ᄀ믐들언
제벨리 불 수습 웨렵덴 ᄒ연게 마는

정치ᄒᆞ는 국정이나

국태민안國泰民安이나

*제벨리: 유별나게의 제주어.

색깔론 1

- 확률

난 아멩* 그 사름 좋텐 ᄒᆞ여도

난 머릿골 시키는데로 뜨른다

뒐 확률은 막 읎다 느량* 경허듯

잘난 사름 나 아니어도 뒈득기

농부 ○○○ 당선자 말곤

이루후제도* 느량 그영헐지 몰라 어제ᄀᆞᆮ이

*아멩: 아무리.

*느량: 늘.

*이루후제도: 이후로도.

색깔론(선거) 2
- 결과

그덜은 그 사름이 좋텐

알앙 찍곡 몰랑 찍곡

잘 홀테주 믿어가멍

백성덜이사 흐렌흐양 홀 뿐

무신 심 이실꺼라

이레 홀리곡 저레 홀리멍

욕심에 홀림들엉 겔국

구석텡이 다다라 결과가 뻔흐듯

에에! 시상도 첨*

*홀리다: 제정신을 차리지 못하게 하여 꾀다. 호리다.

*춤, 첨: 말을 할 때 뜻 없이 덧붙는 말. 참. 정말.

망향가

청 푸른 사발꼿 참나리 산부추 동백들의 섬 곤을동
유적지
무릉도원 거닐다 물안개 피어나던 순간순간 눈에
담아 봅니다
썰물 밀물 넘나드는 갯바위 엉덕 용천수,
어머니 물 길어 나르던 더께 진 세월 윤슬에 젖더
이다
우영팟* 돗도고리* 다소곳 피고 지고 세월은 흘러
등댓불 고동 소리 뱃고동 소리 화답하듯 바라보는
시선에
경이驚異로운 심사 학 두루미 詩선에 들더이다

역사의 뒤안길에 묻힐 수 없는 영원성불의 귀곡성
짓무른 눈물이 피고름 되어 흐르던
불볕 같던 사위四圍

정녕 느껴보지 않았던 세월의 恨

나 이 길에서 그대들 그리다

영령들이시여! 영원할 곤을동 동백들이시여!

---

*우영팟: 우영밭.

*돗도고리: 돼지의 먹이통.

4·3 개막식

어젠 음력 스무ᄒ루
일력 안 봐시민
이번도 못 강볼 4·3 개막식

게메 베염 날은 나상 다녕 좋을게
엇뎬 굴안게, 잇날 말 ᄒ나 틀리지
안 ᄒ거 닮다

베염추룩 휘갈아 뎅기당 접새 ᄒ여
지카부뎬
제수엇젱 ᄒ민 뒷터레 걸러져도 코
깨진뎬 ᄒ득기

경ᄒ난 그영 문선싱님도
ᄂ큰ᄒ게 보여신가 토역질광
무큰무큰ᄒ 오뉴월 벳도 아닌디

몰라사 약 뒐때 싯젠 ᄒᆞ는 말 싯주만

멧 혜만이 체얌 댕겨오란

보네난 ᄒᆞ루 봉군 날 이랏다

무사 경 부치름광

느리 내낭* 슬째기 봥 오는게

고작*이여신디

이제사 나이 고남* 홈산디

오랫만이 왕 본 4·3 역수

*느리 내낭: 언제까지나. 내내.

*고작: 막상.

*고남: 이것저것 살펴보거나 맞춰보고 따져보다.

스랑꾼 주녁잔치
- 태진이영 옥경이

ᄆ심먹은 건 고들베웃이* 고들베웃이

진정훈 조선의 스랑쟁이다

ᄆ심 먹은 냥 고들베웃이 고들베웃이

이녁이영 긑이 갈 거우다

게메마씀

경ᄒ여지민 오죽 좋으카양!

글앙 몰릅주 봐사 알주게

고들베웃이 이 시상 끗꼬지 고들베웃이

*고들베웃이: 꾸준하게.

말이엔 혼 건

아멩 멩심ᄒ영 굴암서렌 ᄒ여도
누게 안 들엄시카부덴 ᄒ여도

ᄇ름타멍 들어오곡
이슬타멍 둥글어 온덴

경ᄒ난

낮말은 셍이가 듣곡
밤말은 중이가 들은덴

응, 춤말이여

국민건강보험공단으로 간다
아니난, 아니라부난 아니기 따문
아닌 게 아니라 무보수라서 간다

스랑을 담고 맥심으로
먹는다 기*니까
우리 것이 좋아서

스랑을 비우레 간다
가영 스랑을
푸른 사상 꿈꾸며
새로운 향 담아
체와가는 유자와 클래식
치즈케익, 오널 너영 흔디
스랑헐 거여

착착 감기는 이 맛, 오널만

느낄 수 잇인 이 감미로움

사각사각 쫀득쫀득

사랑을 담는다 야금야금

눈으로 담고

입으로 담고

일용할 양식과 밑거름 위해

"이 아름다운 계절에"* 사랑을 먹는다

*기: 제주어, 응답에서 긍정을 나타내는 말. 그래. 정말.
*이 아름다운 계절에: 김가영의 수필집 『사랑』에서 차용.

시 속에 피어오르는
제주어의 향기

양전형

시인

시 속에 피어오르는
제주어의 향기

양전형

시인

사람은 태어나 어머니의 품에서 세상을 살아가기 시작한다. 세상이 눈 속으로, 뇌리 속으로 하나씩 스며들기 시작하며 삶이 쌓여가는 것이다. 그리고 그것들을 기억 속에 넣고 적응하며 생각도 키워 간다. 일상에서 만족스럽다거나 배고프다거나 아프다거나 졸립다거나 자신의 욕구를 느끼게 되면서 그 뜻을 웃음이나 울음으로 전달하기도 하며, 해석이 어려운 말을 풀어내며 옹알이로 대신하기도 한다.

어머니는 아기의 여러 가지 표현들을 보며 "우리 애기 배고픈 생이여" "조라운 생이여" "어디가 아프니게" 식으로 아기에게 입말을 건네기 시작한다. 아기는 그런 말들을 듣기 시작하여 가족 간 또는 주변의 생활언어들을 귓속에 넣으며 익혀가고 삶에 필요한

129

말들을 체득하여 가는 것이다.

모어母語란 '아이가 태어나서 처음 배운 말'이다.

이 모어는 사람들의 영육靈肉에 차츰 뿌리를 내리면서 정체正體와 문명을 형성하며 평생을 함께하는 것이다. 같은 모어를 가진 사람들끼리의 지역공동체에서 소중한 소통의 매개가 되어 개개인 또는 공동생활에 구전이나 기록의 '삶'으로 자리하는 것이다. 이렇듯 언어는 생물처럼 살아있는 하나의 존재다. 그리고 사람들은 자라나면서 교육 등을 통한 세상 지득知得과정에서 넓혀지는 사용언어를 포함해가며 한 인생을 살아가는 것이다.

생이 시작되는 놀람의 언어인 울음소리를 시작으로 생의 끝에 나오는 비명이거나 유언까지 사람과 세상 간 소통의 매개가 언어이기에 '사람은 언어와 함께 태어나고 언어와 함께 죽는다'라는 말에 끌어들여도 언어도단에 이르지는 않으리라 생각한다.

특히, 한 세상 입에 달고 다니는 말 중에서도 이 모어가 품고 있는 정서는 자아와 더 깊은 의식으로 소통이 된다. 그러니 이 모어를 펼쳐놓는 문학은 한 단계 더 높은 가치의 함량을 지녔다고 나는 신념信念한다.

제주인 김항신 시인은 평소에 "제주 사람으로서 그리고 문학인으로서 적어도 제주어로 쓴 책 한 권 이상

은 가져야 하는 게 아닌가"라고 늘 피력해 왔다. 결국
그 의지를 이 시집으로 다져놓게 된 것이다.

1.

샛ᄃ리물 알작지 가민

멘산이도 너울너울
넙패도 납작납작

돌셍이 뒈씨난 보말이 오망오망
메옹이도 이추룩 하난 걸

이젠 몬 사먹노렌 ᄒ는디
씨 멜족 헴직이 하도 비싼게

바당 알도 ᄏ콜헤사 ᄒ는디

잇날이 기립긴 ᄒ구나
일루후젠 어떵ᄒ 시상이 뒐티사

– 시, 「보말」 전문

'잇날이 기립긴 ᄒ구나'로 시를 마무리하기까지 시인은 옛날의 추억과 현실을 오가며 현상들을 풀어 놓는다. 청정했던 옛날을 그려놓고 환경오염으로 인해 황폐화되어 가는 제주바다의 아픔을 은유하기도 하며, 더 악화될 수도 있는 훗날의 걱정을 한꺼번에 진술한다. 태어나 지금까지 살아온 제주인으로서의 성찰을 깊이 사려한 시이기도 하다.

제주어는 제주땅의 어머니이다.

현재의 그 어머니와 어머니의 어머니, 또 그 위를 거슬러 오르는 어머니들이 제주땅의 역사를 품으며 전승해 주신 거다.

현대사회의 언어는 디지털 시대와 새 시대의 문화 속에서 급변화를 가져오고 있다. 그에 따라 독립성이 강한 고유어로서의 제주어가 사라질 위기를 맞고 있어서, 문학인을 포함하여 이 시대를 살아가는 모든 제주인들은 함께 고민하고 이 제주어를 살리기 위해 발버둥쳐야 한다. 조상 대대로 필요한 언어를 창조 또는 도입하면서 제주섬 안에서 살아가는 소통 수단으로 전래되어 오고 있는 제주의 중요한 주인공의 하나인 제주어가 사라진다는 게, 그 말을 들을 수가 없어진다는 것만이 아니다. 그동안 제주땅 위에 존재해 온 역사와 문화와 전통, 예부터 제주어로 전승되어오는 신

화나 교훈되는 지식 등 제주의 중요한 얼이 사라진다
는 이야기이다.

　김항신 시인은 이 뜻깊은 인식을 이 시집 속 모든
시로 대변하고 있다.

　　촘말로 제주어 곱기도 ᄒᆞ다

　　오널은 뜬 날보다
　　ᄒᆞ꼼 선네 선네 오몽ᄒᆞ영
　　양지랑 두르젱이 씻고대고

　　ᄎᆞ례지넬 고적덜 재기재기 멩글아 뒁

　　뿔리 재게
　　소지도 ᄒᆞ곡

　　상웨떡 벨떡 사레 와랑와랑
　　돌아사주

　　아멩 돌림벵이 돌아도
　　와랑차랑 설 멩질인디

어머니 아버지 널 보게마씀

– 시, 「와랑차랑 설 멩질」전문

이 한 편의 시 속에는 제주어 사랑, 제주의 문화와 전통, 조상숭배 정신 등 모든 것을 품고 있다.

삼춘! 어디레 감수과!!! / 볼써가라 칠월 절기도 들어선양 / 요영도 곱닥허카예 / 매쪽매쪽 / 아멩 생각 헤봐도 곱수다게 / 경ᄒ난 똑기 베왕 보전ᄒ여사 뒈쿠다 // 무신거엔 굴암디게, 제주어마씀게!! // 잇날엔 보리밥만 먹으난 배만 뽕뽕 헤신디 / 이젠 돗궤기영 하간거 먹언 배가 뽕뽕 ᄒ연 / 이추룩 곤밥만 들구 먹으민 못산덴 굴으난 // 시방덜은 배 쭌쭌ᄒ게 허젠 / 보리순도 굴앙 먹곡 / 청보리도 먹어간다 허멍 ᄒ믓 살아보젠 // 이루 후젠 보리 농시 누게가 헐 거산디 / 귀ᄒ디 귀ᄒ 쑬 뒈불어수다 // 보리밧디 보리순이 매쪽매쪽, 얼메나 곱수가예

– 시, 「보리순이 매쪽매쪽」 전문

제주어의 아름다움을 노래하면서 오래전 전통제주 생활상을 그려내고 있는 이 시가 눈길을 끌어 살펴본다. 서울말로 미끄러지게 대화를 하면 '곤밥 먹은 소

리'라 하며 쌀밥에다 비유를 하고, 전래 제주어로 대화를 하면 '보리밥만 먹은 소리'로 비유를 하고, 표준어와 제주어를 섞어서 대화를 하면 '반지기밥 먹은 소리'라고 비유하는 예를 종종 볼 수 있다.

이 시, 「보리순이 매쪽매쪽」에서 시인은 그 내용을 독백 형식으로 풀어내면서도 밥에 비유하는 언어임을 시인 자신의 깊은 가슴에다 은유해 두면서 제주어 보전에 대한 희망을 감추지 않는다.

2.

김항신 시인의 제주어 시를 읽노라면 고향의 정서가 밀물처럼 밀려든다. 잊기야 했으랴만 잠시 접어두었던 그 고향이 퍼뜩 일어나, 일기를 써두었던 것처럼 그림으로 그려두었던 것처럼 생생하게 펼쳐진다. 태어나서부터 고향에서의 작은 생활상까지 멈춤 없이 밀려들어 활동사진처럼 전개된다.

제주어의 특징 중 하나로서 시청각적 기능을 가진, 발화만 하더라도 눈에 보여오듯 귀에 들려오는 듯한 어휘들이 어느 품사이든지 즐비하게 준비돼 있는 게 바로 제주어이다.

자기가 태어나서 자란 곳을 '고향'이라 하지만 제

주의 고향은 남다르게 받아들여진다. 육지와 많이 떨어진 절해고도인 까닭에 활동할 공간의 폭이 좁고 주변이 더 친화적이어서 몸에 배이는 고향의 정서가 하나에서 열까지 서로 다 공감될 수 있는 여건으로 조성되어 있기 때문이다. 게다가 공통적으로 형성되는 정체성도 고향의 풍경과 냄새처럼 진하고 세밀히 공유하게 되기 때문이다.

김 시인의 시에 그려지는 제주 전통의 풍경들을 보노라면, 제주인 누구나 "맞아, 그렇지. 내 고향이 그렇지." 하고 작품에 함의되어 있는 내용에 공감하며 몰입하게 된다. 게다가 그 풍경 속에 놓여지는 음식이나 온갖 사물 또한 내 생의 소품들처럼 정겹고 소중한 것들이었음을 상기시켜 준다.

무뚱엔 보리클 메어젼 싯고
마당 흔끗엔 보리낭 눌 싯고
곱을락 홀 땐 곱으레 댕기단디

돗통시 갈 땐 ㅂ름으지 뒈주곡
성 대신 망봐주는 보리낭 눌

눌 주쟁이 걷으민 둘코롬훈

저실 감저 오망오망 앚앙 이신

그추룩 의지암지ᄒ명 살아신디
이젠 머리 속에나 ᄒ쏠 냉겨진
풍경덜

성신디레 보리 ᄒ 줌 건네주단
체얌 보리 훌트멍 자빠진 날

눈에 선ᄒ다

- 시, 「클-보리 훌트는 날」 전문

시,「클-보리 훌트는 날」을 읽으면 1960년대쯤 농촌 풍경이 물씬하게 다가온다. 보리를 장만하는 데 쓰이는 단단한 쇠로 만든 우직한 '클'의 모습과 숨바꼭질의 소품인 동시에, 통시를 휘감아 몰아치는 찬바람을 막아주고 겨우살이에 필요한 고구마도 품어 있는 마당의 보리낭눌이 시 속에 떠억 버틴 이미지로 구체적이고 뚜렷하게 형상화된다.

음력 칠월 중순 / 섭상귀 투다단 자리젓 낭 / 쿠싱ᄒ게 먹어난 입 맛 / 그 시철도 엊그지 닮안게 // 내친

집에 하나로마트 갓다// 안직 때 이른 유월이주만 /
지들찌레 ᄃ투멍 나오는 자오세덜 / 귀경숨아 먹기
위ᄒᆞ는 주세로 살젠ᄒᆞ는 / 자부세로 숭키판에 눈공ᄌᆞ
돌리곡 / 돌리곡 // 요새 콩섭 몸에 좋뎅 ᄒᆞ멍 / 알카
름 식당엔 푼두그랑ᄒᆞ게 / 콩닙광 우럭출레 궁합이
경 맛뎬

- 시, 「콩입광 우럭 출레」 전문

　시, 「콩입광 우럭 출레」에는 어려운 제주인들의 민
생고 중 배를 채우는 일에 동참했던 전통식단의 하나
인 푸성귀 콩잎이 쌓여있는 밥상머리가 떡하니 버티
고 있다.

　지금 시대 젊은 사람들은 구경하기도 어렵고 아이
들은 아예 코를 막으며 근처에도 못 갈 음식이지만,
나이가 든 어른들에게는 입에 쩍쩍 달라붙던 이 '콩입
광 우럭 출레'가 마음 깊은 곳에 자리해 있는 추억의
음식이다.

　어느 날은 벳도 과랑과랑

　구둠도 박삭박삭

　어이엔 비도 작작거리당

　좀좀ᄒᆞ당

눈질에 손콥 발콥 얼얼ᄒ여도(중략)

걷당 보민 옴막흔 흑탕물에 젖곡
아글락 둘싹둘싹 징검ᄃ리 ᄉ망일곡

돌담 숭숭 웨와진 밧담 고망엔
씽씽 칼ᄇ름 양지 ᄄ려도
ᄂ 뻘고롱ᄒ게 얼얼ᄒ여도
(하략)

– 시, 「드른들 질」 중에서

옛 추억 마을길 「드른들 질」은 제주섬 안에 흔히 조성된, 마을을 끼고 있는 비슷한 모양의 길을 소환한다. 학교를 가거나 밭일을 가거나 지나야 하는 길고 긴 '드른들 질'은 김 시인만이 아닌 당시를 거친 제주 사람들에겐 너무 익숙한 정서의 길이다. 제주어가 익숙한 김 시인은 제주어 특유의 실감나는 부사어를 사용하여 당시 이미지의 질감을 높여준다.

불붙는 듯 소리까지 내며 내리쬐는 햇볕의 모양과 상태가 눈앞에 바로 펼쳐지는 듯한 표현인 '과랑과랑', 빈틈없이 모여들어 있던 먼지의 상태인 '박삭박삭', 느닷없이 밀려들어 사람을 당황케 하는 소나기의 소리와 모양을 표현한 '작작', 징검다리를 지나는 아이의 흥겨움과 여유로움을 자아내는 '둘싹둘싹' 등등, 말만 들어도 그 모양과 소리들이 보여오고 들려오는 것 같다.

> 어머니 살던 시절
> 쉰다리 헤먹던 시절
>
> 검질 품앗이 어멍 뜨랑 나사민
> 중혹교 올라갈 혹비 걱정 태산이랏주마는
> 느나엇이 농시허멍 수눌음 헐 때라
> 숙멩추룩 뜨라가사만 흐는 시상이랏주
>
> 징심때 가차우민 질더레 훌긋훌긋
> 차롱 속 풋밥 흔저 먹을 셍각 훌긋훌긋
> 시원흔 쉰다리 흔 사발 먹을 셍각
> 口味 둥경 브레던 차롱 속 풋밥
>
> – 시, 「차롱」 전문

「차롱」! 얼마나 예쁜 말인가. 대나 싸리로 엮어 네모나고 속을 좀 깊숙하게 하고 뚜껑을 만들어 음식 따위를 넣어 다니기 좋게 만든 그릇으로 밥이나 떡을 담는 데 쓰이는 이 도구는 말만 들어도 아늑한 고향이다. 시인은 배고프고 어려웠던 시절을 이 차롱 속에 담아 두었다가 이제 뚜껑을 열고 그 이미지를 시로 옮겼다.

이 외에도 고향의 상징이라고 바로 느낄 수 있는 작품들이 많다.

「자리물회」, 「쉰다리」, 「개역」, 『수제비』 등 비록 값이 싸고 구하기도 그리 어렵지 않았을, 그래도 먹고 사는 데 꼭 필요했던 음식들과, 삶의 어려움을 함께해 주던 사물들, 그리고 주변환경의 주인공들이기도 했던 「말축」, 「쉬영 니영 이영 서케」, 「간들레기영 새우리, 수박광 호박」, 「진진혼 거」, 「제주 돌담」 등이 시인의 가슴에 드리워져 있는 고향을 영원히 지킬 자세로 옹크려 있는 게 눈에 보이는 듯 눈길을 끈다.

3.

김 시인은 제주시 삼양동 출신이다. 그쪽 바닷가를 서흘포라 한다. 김 시인의 어린 시절 추억이 살아 숨 쉬는 그 마을이 지금은 도시화로 인해 도심지에 속하지만 아주 오래전부터 취락이 형성됐고, 시인의 유년 시절과 1970~1980년대까지는 제주의 바닷가 마을이 거의 그랬듯 농업과 어업이 병존했던 시골이다.

이 삼양동에는 검은모래해변으로 잘 알려진 '삼양 해수욕장'이 있다. 한여름 명승지로 유명하며 제주도 민은 물론 관광객들까지 많이 모여드는 곳이다. 광활 하지는 않지만 아기자기하고 편안한 느낌을 주는 이 곳은 도심지 해변이라 교통도 편리해서 아이들과 가 볍게 다녀오기도 수월하다. 그리고, 해수욕장 앞쪽 물 이 깊지 않아 아이들 놀기가 좋은 곳이다.

삼양에 시원한 용천수가 뿜어져 나오는 샛도리물 이 있고, 시인은 나이가 든 후에도 그 주변의 추억이 선명하게 남아 시제로 자주 이용하기도 했고 이 시집 에서도 또한 그 용천수의 시 한 편을 남긴다.

그곳 삼양과 신촌 사이에 특이하게 천태종 조계종 태고종 3개의 사찰을 만나볼 수 있는 유명한 원당봉 이 우뚝 서 있기도 하다.

샛도리물 그냥 흘러간 게 아니엇주

멕여주곡 씻어주곡 첨방첨방 튀던 굿디주

가분 게 아니엇주

문지락흔 푸른 청춘 넹겨주던 굿이엿주

옷 헹구멍 씻어주곡

마께 질에 묻은 허물 이젠,

춫아 볼 수 엇엉 아시롭주만

나 으름 오민 또시 만날 셍각에

와랑차랑 흐는 거주

– 시, 「샛ᄃ리 용천수」 전문

   제주도의 갯가에는 한여름에도 차가운 용천수가
나오는 곳이 많다. 삼양해수욕장에 있는 샛ᄃ리 용천
수는 해수와 담수를 번갈아 가며 경험할 수 있는 곳으
로 유명하고, 시인은 간직된 이곳의 추억을 시로 풀어
놓는다.

   이 용천수를 음용수로도 사용하고 목욕물로도 사
용하며 첨벙첨벙 뛰어놀기도 했던 그 추억으로 해마
다 여름이면 다시 만날 생각에 가슴이 부풀어 오르는
곳이기도 하다.

곤을동 차향에 앚앙 ᄇ레보는

갯ᄀ 원담

봉봉 들던 쫍지롱 바당은

멜덜 몰앙 들이친 에움 ᄀ옷

멜 들엇저 혼저 오라

은비늘 상고지 여의는

곤을동 갯것

아메리카노 차 내음에 젖어보는

여주 4인방 나영, 지영, 자영, 희영

– 시, 「원담에 멜 들엇저」 전문

곤을동이라는 곳이 있다. 옛 마을의 흔적은 거의 없어졌지만, 4·3 때 잃어버린 마을로 잘 알려진 곳이기도 하다. 시인은 옛날을 찾아 그곳의 찻집을 가끔 찾아가기도 하고, 갯가 원담의 흔적을 살펴보면서 그 원담 안으로 밀려들어 온 '멜⁽멸치⁾'떼의 생각이 문득문득 떠오르면, '원담' '물이 봉봉 들던 쫍지롱흔 바당' '멜' '은비늘'이라는 단어들이 아직도 살아 숨쉬고 있는 것을 느끼는 것이다.

시, 「바당 가게!」에서는 어린 시절 추억을 소환해서 풀어 놓았다. 학교 다니던 길과 마을, 책보재기 들고 달려가다 넘어졌던 기억. 그러나 넘어지고 다치는 건 아무렇지도 않았다. 한시 바삐 책보따리를 집에다 던져두고 바닷물에 뛰어들 생각만 가득하였다.

이렇게, 시인이 지닌 유년의 기억들은 나이와 상관없이 지금도 싱싱하고 어리다.

4.

'불효부모사후회不孝父母死後悔'란 말이 있다. "우리가 살아가면서 조심하지 않으면 나중에 크게 뉘우칠 10가지의 교훈이 있다."라며 중국 송대宋代의 거유巨儒인 주자가 제시한 가르침의 말 '주자십회' 중 하나로, "부모님이 살아 계실 때 효도하지 않으면 돌아가신 후에 큰 후회가 남는다."는 뜻이다.

현대사회에서 부모 봉양에만 몰입하며 생활하는 사람이 몇이나 될까. '삶'이라는 현실의 앞 가리기에 동분서주하다 보면 부모를 잊고 살아가기 일쑤이고 돌아가신 후에야 그걸 깨닫고 후회하는 일이 태반일 것이다. 필자 또한 그 태반 속에서 가슴 한켠에 늘 쓰림을 갖고 살아가고 있다.

김항신 시인 또한 그러하다. 부모에 대한 그리움과 아픔을 형상화하는 그녀의 시편들을 읽노라면 앞의 태반이 갖고 있는 심정에 공감하는 마음임을 알 수 있다.

그래도 시인은 이 제주어 시집을 내면서 부모님께 자랑스럽고 약간의 위로라도 느낄 것이라 믿는다. 자신에게 말을 심어준 그 모어母語로 그리움을 보내고 있으니 말이다. 사실, 제주어로도 문학을 하는 필자도

부모에 관한 시나 옛날 생활의 모습을 형상화할 때 제 주어로 써야 그 표현에 대한 만족감을 느낄 수 있고 글의 맛과 함께 그 사실들을 더 실감할 수 있음을 느 낀다.

이게 모어母語의 힘이며 가치가 지대한 유산이고, 활기차게 살아 움직이며 미래에 영원히 전승해야 할 큰 숙제인 것이다.

오널은 어머니 아바지 날

ᄌ식 낭 살아봐사 부미 공 안다는디

일후제 부모만 홀 ᄌ식덜 싯카

실테주마씀, 이실꺼라양!

오널, 곡절 이선 산소에 오라신디

다시 어느 저르 와질티 모를

급급ᄒᆞᆫ 세월

일후제 나 ᄀᆞᆺ은 ᄆᆞ음 ᄌ식덜 알카

게메양, 알텝주게!

 − 시, 「어버이날」 전문

오늘은 어버이날이다. 자신도 어버이지만 자신을 자랑하는 게 아니다. 생각나는 건 자신의 부모에 대한 안타까움이다. 오랜만에 산소를 찾아 부모님을 뵙고 있지만, 살아생전의 부모님 정성을 제대로 간파하지 못했던 시인의 아쉬움이 이 시 「어버이날」에 가득 차 있다.

셍각 낲수다
어머니 치메 뻘렛줄에
하올하올 둘아져 기렵던 무슴

뻘렛줄에 둘아진 이녁 치메 부레멍
하늘서도 노혼노혼 주식덜 기리는
어머니 무슴이

손지 오줌 훌치던 어머니 시절 딱지

뻘레 널멍 부레곡
뻘레 걷으멍 부레곡
세월 걷으멍 부레던

울 어머니 월남치메

— 시, 「어머니 치메」 전문

시, 「어머니 치메」는 시인에게 떠오른 그림 하나를 옮겨 그린 것이다. '마당의 빨랫줄에 너울너울 나부끼던 어머니의 월남치마' '손자의 오줌을 훔쳐주던 어머니', '지금도 어느 하늘에선가 자식들을 보살피고 있을 것'이라는 은혜를 다시 가슴에다 새겨놓는 것이다.

혼저슬 넹겨보젠 / 어머니 정지서 눈물 줍지는 소리 / 아바지 탁베기 느리는 소리 // 아명이나 주식덜 곳불 들지말렌 / 아바지 질루던 둑 들이치명 / 둑궤기 낭 헤주던 셍각 // 부제칩 오소리 꿩엿보다 // 맛좋은 어머니 엿 // 어머니 셍각ㅎ민 / 나가 헤보난 / 어머니 홀목 불쌍ㅎ득기 // 통시에 싯던 도세기도 불쌍ㅎ여 뷔곡 // 저슬 뒈가민 먹ㄱ정ㅎ / 우리 어머니 둘코롬ㅎ 엿

— 시, 「배 곯던 시절-엿 쥐으는 날」 전문

배 곯던 시절에 만들어지고 있는 엿을 바라보는 시인의 모습이 어땠을까 궁금하지만 침이 꿀꺽꿀꺽 넘어가면서 간절하게 기다리던 마음은 엿볼 수 있다. 불을 피우느라 연기에 눈물을 흘리는 어머니, 근처에서 아버지가 탁베기를 내리는 소리, 그 모습과 소리들이 긴 세월 동안 시인의 가슴에 묻혀 있었다가 자신이 직

접 그 작업을 해보니 그것이 참 힘든 일이란 걸 깨달으면서 당시 마음을 생생하게 그려낸 시이다.

> 늦인 아척 // 아홉술 단발머리 지집아이 / 구덕, 존등
> 이 욜이 끼곡 / 골겡이 들르곡 / 알력집 복실이영 복
> 녀영 / 장상밧디 꿩마농 파멍 난시 파멍 / 장상밧디
> 물 굴람져 재기 글라 뿔리 가게 / 철 만난 시상 깨복
> 쟁이 친구덜 // 얼풋 왕 밥도 허곡 샛두리물 항아리에 /
> 채와놓젠 무심 먹어시디 / 장상밧 질에 쏟아지는 우렁
> 비에 / 꿩마농 둥둥 대구덕 둥둥 / 촘웨막 으지엇이 /
> 물먹은 중이추룩 혼차 문 흔 거추룩 / 빈 차롱만 어이
> 엇언 어머니 웨우데김 소리 // 밥이나 숨앙 놔둘걸 /
> 샛두리 강 물이나 질어당 놔둘 걸 // 스랑ᄒᆞ는 구들방
> 광 어머니 기려운 / 아버지 무큰 기려운 // 드륵산이
> 좍좍 ᄂᆞ리던 날
>
> — 시, 「우렁비」 전문

시, 「우렁비」는 김 시인이 아홉 살 시절 어린 친구들과 호미를 들고 냉이와 달래를 캐던 추억이다. 어린 마음에도 빨리 그 일을 마치고 와서 식구들이 먹을 밥도 해두고 물항아리에 물도 채워놓으려 했는데, 느닷없이 쏟아진 소나기 때문에 바구니에 캐어 논 달래와

냉이가 다 떠내려 가버리고 계획했던 '밥과 물'도 허탕이 되어 어머니에게 호되게 꾸지람을 당했던 추억의 장면이다. 그 일들을 회상하면서 어렸을 때의 친구들과 어머니 아버지가 무척이나 그립다는 심정을 풀어놓고 있다.

제주의 어려웠던 삶을 체험하며 살아온 김항신 시인은 이제 노년의 길목에 들어서며, 그간의 생생한 추억들을 자신이 소망하던 제주어로 풀어놓으면서 더 좋은 시를 쓰기 위해 열정을 다하고 있고, 제주어 보전을 위해 〈제주어보전회〉의 활동과 함께 제주도내 초·중등학교에서 제주어 강사 생활도 겸하면서 〈한라산문학동인회〉의 현직 회장직도 맡고 있다. 김 시인의 본 시집 출판을 축하드리면서 앞날의 문운과 행복을 기원한다.

꽃봉오지 베려보라

2025년 10월 1일 초판 1쇄 발행

지은이 김항신
펴낸이 김영훈
편집장 김지희
디자인 김영훈
편집부 이은아, 부건영
펴낸곳 한그루
출판등록 제651-2008-000003호
주소 제주특별자치도 제주시 복지로1길 21
전화 064 723 7580
전송 064 753 7580
전자우편 onetreebook@daum.net
누리방 onetreebook.com

ISBN 979-11-6867-241-3 (03810)

이 책은 제주특별자치도와 제주문화예술재단의
2025년 제주문화예술재단 지원사업 후원을 받아 발간되었습니다.

값 10,000원